$L_b \; {}^{49}_{167.}$

OBSERVATIONS

SUR

LES CONFISCATIONS

RÉVOLUTIONNAIRES,

ET

LE PROJET DE LOI D'INDEMNITÉ

PRÉSENTÉ AUX CHAMBRES.

Par M. le vicomte Félix DE CONNY.

Nec vero unquam bellorum civilium semen et causa deerit dum homines perditi hastam illam cruentam et meminerint et sperabunt.
Cicér. de officiis, lib. 11, pag. 29

Non, le germe des guerres civiles ne sera jamais étouffé, tant que nous verrons des hommes injustes conserver le souvenir et l'espérance de ces barbares encans.

PARIS.

AUDRIVEAU, Libraire, boulevard des Capucines, n° 3.

Février 1825.

IMPRIMERIE D'ANTHELME BOUCHER,
rue Neuve-des-Bons-Enfans, n. 34.

OBSERVATIONS

SUR

LES CONFISCATIONS

RÉVOLUTIONNAIRES,

ET

LE PROJET DE LOI D'INDEMNITE

PRÉSENTÉ AUX CHAMBRES.

Dix ans se sont écoulés depuis l'époque où le pouvoir légitime fut rétabli en France ; assis au milieu des ruines de la révolution, il reçut la mission de réparer tout ce qui était réparable. L'œuvre qu'il devait accomplir était immense, car les malheurs de la patrie avaient été immenses.

C'est après dix années d'attente, qu'une loi destinée à indemniser les victimes des confiscations révolutionnaires est enfin présentée aux Chambres; l'histoire jugera sévèrement, sans doute, ce long silence du pouvoir. Nous abandonnons cette haute question à son inflexible impartialité; toutefois, si en observant l'état de la société française, et les passions qui la tourmentent, nous reconnaissons que la marche incertaine du pouvoir a produit cette confusion, le dirai-je, cette anarchie qui semble régner dans tous les esprits, dans toutes les volontés; certes, il faut l'avouer, la France recueille des fruits amers d'une telle direction.

Les peuples s'égarent, les esprits marchent au hasard, lorsque les vérités éternelles ne sont point consacrées par les pouvoirs de la société; nous entendons, en 1825, d'étranges doctrines. La révolution française qui a épouvanté l'Europe, serait-elle donc une vaine leçon, et quelques jours de calme auraient-ils effacé de la nation la plus spirituelle, mais la plus légère, cette époque sans exemple dans les annales du monde?

Lorsque le ministère pense enfin à accomplir la volonté royale, et vient présenter une loi de réparation, il importe d'observer avec une religieuse attention, le véritable caractère des temps où la législation révolutionnaire vint peser sur la France.

La république française, a dit un écrivain célèbre (1), est née entre le vol et le meurtre; ces deux tuteurs l'accompagnèrent jusqu'au dernier jour de son existence: la rapine fut son premier but, la férocité n'en a été que le moyen.

Presque tous les siècles avaient vu de grands crimes; mais nul encore la théorie des crimes publics et privés, érigée en système d'état et en droit

(1) Burke.

public universel par des législateurs parlant au nom de la raison et de la nature. Ce nouveau genre d'hypocrisie ou de fanatisme était encore inconnu ; il fallait l'alliance des doctrines du temps avec les mœurs de ses professeurs pour produire ce tableau d'un peuple régénéré par l'athéisme, par l'assassinat, par l'incendie, par le brigandage et le sacrilége ; ce tableau d'un peuple dont les représentans et les chefs successifs ne commettent point le crime dans la fureur, mais le discutent didactiquement, le motivent, le délibèrent, en étudient les moyens avec recherche, le préconisent avec éloquence, s'applaudissent à l'approche de ses succès, le prononcent avec solennité, l'exécutent de sang froid et répondent par des éclats de rire aux lamentations de leurs victimes.

Les lois sur l'émigration et sur les confiscations révolutionnaires présentent de tels caractères d'iniquité et d'infamie, qu'elles furent, dès leur origine, combattues par des promoteurs même de la révolution. Un homme qui a rempli le monde du bruit de sa renommée, et dont le nom est lié à jamais à celui de la révolution française, Mirabeau, a prononcé ces paroles à la tribune de l'assemblée nationale : « Je ne ferai pas au comité l'injure de » démontrer que sa loi sur l'émigration est digne » d'être placée dans le Code de Dracon, mais » qu'elle ne pourra jamais entrer parmi les décrets

» de l'assemblée nationale de France. Ce que j'en-
» treprendrai de démontrer, c'est que la barbarie de
» cette loi qu'on vous propose est la plus haute
» preuve de l'impraticabilité d'une loi sur l'émigra-
» tion. La loi sur l'émigration est une chose hors
» de votre puissance, parce qu'elle est imprati-
» cable, même en anarchisant toutes les parties de
» l'empire. Je déclare que je me croirais être dé-
» lié du serment de fidélité envers ceux qui au-
» raient l'infamie de nommer une commission dic-
» tatoriale. Si vous faites une loi contre les émi-
» grans, je jure de n'y obéir jamais. » (*Moni-
teur*, 28 février 1791).

Nous livrons ces pensées aux disciples de Mirabeau; ils ne peuvent répudier cette doctrine, sans être infidèles à la mémoire d'un nom, cher à leur souvenirs; sans doute, ils écouteront avec respect les leçons d'un tel maître.

Nous exprimerons ici notre pensée toute entière: l'émigration française fut un devoir, car elle fut prescrite par l'honneur, et l'honneur en France est une loi souveraine. Sur des bords étrangers, les émigrés français protestèrent, les armes à la main, contre une révolution qui, proclamant la souveraineté du peuple, cherchait ses droits sanglans aux pieds de l'échafaud de Louis XVI. Les émigrés français se rallièrent à la voix de leur roi, sous l'étendard de la France; ils combattaient pour la patrie, car ils combattaient pour relever le trône abattu par des factieux, le trône, source des libertés, de la gloire et de la justice.

C'est vainement que l'on ose renouveler les plus étranges calomnies pour rallumer des passions éteintes, mais auxquelles depuis dix ans, la faiblesse du pouvoir a prêté une nouvelle ardeur. Les faits sont éclatans, et parlent plus haut que tous les sophismes; on feint d'oublier sans doute que, dans les jours qui précédèrent la chute du trône, les puissances étrangères reconnurent et déclarèrent que la guerre était une guerre *anti-révolutionnaire*. Dans leur manifeste du 4 août 1792, elles proclamèrent ces principes qui, selon la pensée de Burke, auraient placé ces monarques au rang des premiers bienfaiteurs de l'espèce humaine, s'ils fussent restés fidèles à leurs déclarations. « Ils publiaient, disaient-ils, ce manifeste, pour soumettre à la génération présente et à la postérité, leurs motifs, leurs intentions et le désintéressement de leurs vues personnelles : ils n'avaient pris les armes que pour maintenir l'ordre social et politique parmi les nations civilisées, et pour garantir à chaque état sa religion, sa prospérité, son indépendance, son territoire et sa constitution légitime; par ces motifs, ils comptaient sur l'unanimité de tous les empires et de tous les états. Ils espéraient que, fermes soutiens du bonheur de l'espèce humaine, ils ne manqueraient pas d'allier leurs efforts pour sauver une nombreuse nation de ses propres fureurs, préserver l'Europe du retour de la barbarie, et le monde entier de la subversion et de l'anarchie dont il était menacé. *Les puissances renoncent expressément à toutes vues d'agrandissement personnel.* »

Les émigrés français durent croire que les rois de l'Europe seraient fidèles à leur parole; s'il en fut autrement, certes l'histoire n'en accusera pas l'émigration.

Nous avons trouvé à regret parmi les adversaires d'une cause sacrée, un prêtre revêtu des plus éminentes dignités de l'Église. Nous ne lui dirons point :

Eh ! quoi, Mathan, d'un prêtre est-ce là le langage ?

Mais nous opposerons à M. l'archevêque de Malines les pensées de M. l'abbé de Pradt; nul écrivain n'a su mieux que lui imprimer à la révolution française le caractère indélébile qui formait son essence; M. de Pradt a démontré qu'un devoir était prescrit à tous les gouvernemens, à tous les peuples, à tous les rois, et que ce devoir était de la combattre.

« Par le fait de la révolution, a dit cet écrivain (1),

---

(1) Antidote au congrès de Rastadt.

» l'Europe est constituée en état de démolition
» dans toutes ses parties: religion, mœurs, lan-
» gage, démarcation des états, forme de gouver-
» nement, classement des hommes entre eux, base
» des propriétés, tout est effacé, tout est refondu.
» La révolution brise d'abord les empires, elle en
» jette ensuite les morceaux dans ses creusets ; déjà
» six nouvelles républiques en sont sorties. Telle a
» été, telle est, telle sera toujours la révolution : c'est
» un corps de déstruction complétement organisé
» pour cette fin, parfaitement homogène, adhérent
» dans toutes ses parties, qui, dans sa course, doit
» tout écraser ou être écrasé lui-même. La révolu-
» tion ne s'en défend pas ; elle déchire à plaisir le
» voile sur l'avenir comme sur le passé. . . . . . .
. . . .
» N'est-il pas plaisant, s'écrie M. de Pradt, de voir
» la plupart des gouvernemens s'évertuer à donner
» un démenti à la révolution sur sa propre nature,
» et lui soutenir, en dépit des faits, malgré ses aver-
» tissemens réitérés, qu'elle n'est pas ce qu'elle dit
» être ; car c'est le sens véritable de toute leur con-
» duite. . . . . ,
 » Si Mahomet n'eût voulu qu'un royaume, peut-
» être fût-il resté conducteur de chameaux ; mais
» il est révolutionnaire en religion, en législation,
» en morale : les esprits s'enflamment, les dogmes
» s'étendent avec l'empire, le roi disparaît, mais le

» prophète législateur règne encore sur une grande
» partie du monde. . . . .
. . . . : . . . .

Il est impossible de tracer avec plus de vérité le caractère des hommes de la révolution, que ne l'a fait M. de Pradt. « Leur cœur, dit-il, fermé aux
» affections ordinaires, ne s'ouvre qu'à celles de la
» révolution, leurs yeux suivent d'autres règles d'op-
» tique, leur esprit conçoit et produit, leur cœur
» bat différemment de celui des autres hommes. Si
» quelques-uns tombent ou s'égarent dans cette
» dure carrière, ils sont remplacés à l'instant par de
» nouveaux candidats, dont la succession rapide
» fait régner sur cette révolution le feu d'une éter-
» nelle jeunesse.

» On a remarqué que l'époque augustale a com-
» pris un espace de 160 ans, pour 70 empereurs,
» c'est-à-dire un peu plus de deux ans pour chacun,
» tandis que la France n'a compté que 66 rois pen-
» dant 1400 ans. Les huit années de la révolu-
» tion ont donné à la France plus de chefs que
» la troisième race n'a donné de rois pendant
» 70 ans. »

J'ai transcrit au hasard quelques passages de l'ouvrage si remarquable de M. de Pradt. Je terminerai, en rappelant à son souvenir un paragraphe où j'ai reconnu toute la supériorité de sa dialectique.

« Qui osera nier que la France ne soit en état
» d'hostilité et de conjuration permanente envers
» l'Europe entière, et par conséquent en guerre avec
» elle sous ce double rapport? — Si l'on éprouve,
» sous le nom de la paix, tous les dommages de la
» guerre, on est en guerre, quoi qu'on en dise, et non
» pas en paix. Toutes les escobarderies, tous les so-
» phismes finissent là. Ces questions doivent se dé-
» cider par l'histoire et non par les livres de droit,
» ici les gazettes sont des guides plus sûrs que les
» publicistes . . . .
. . . .

» Tout écrivain qui a étudié le génie de la révo-
» lution, serait criminel de le taire. »

Je rends une entière justice à M. de Pradt, et il m'est impossible de ne point reconnaître que la révolution française a trouvé dans cet écrivain un de ses plus éloquens adversaires.

Si, comme nous l'avons dit en commençant, la restauration doit réparer tout ce qui est réparable, une de ses premières dettes est, sans nul doute, la réparation des odieuses injustices produites par les actes qui ont organisé la spoliation.

Ce n'est point une royale aumône qu'il faut donner aux victimes, c'est un droit et un droit sacré qu'il faut reconnaître; c'est le droit de la propriété, fondement de l'ordre dans les sociétés humaines, ce droit dont la violation déchaîne sur les peuples tous les fléaux et tous les crimes; ce droit reconnu chez les peuplades qui touchent encore au berceau de la civilisation, et dont la France, l'aînée des nations européennes, a donné au monde le scandale de la violation la plus inouïe.

Lorsque le ministère présente aux Chambres une loi dont le but, selon la pensée royale, doit être de fermer les plaies de la révolution, la France se rappelle qu'une voix éloquente se fit entendre, il y a peu d'années, et vint consacrer en ces graves matières les principes éternels. Le vénérable défenseur de toutes les légitimités, le vertueux Bergasse donna à ses nobles paroles, la sanction d'une vie entière consacrée à la recherche de la vérité, à la défense du malheur; resté debout au milieu des débris de notre révolution, la Providence semblait l'avoir conservé pour que, fidèle à sa destinée, il vînt après tant d'orages, au milieu d'une scène encore si mobile et si agitée, rappeler à la génération qui s'avance le respect dû aux principes éternels.

L'histoire dira que, pour prix de son courage et du plus beau talent, le noble écrivain fut amené sur les bancs des accusés. Je n'ai pas ouï dire que, depuis, il ait été consulté par le pouvoir, lorsque l'on a pensé à appeler les délibérations des Chambres sur les lois d'indemnité. M. Bergasse a tracé dans ses écrits la seule route qui puisse être suivie en cette question fondamentale; hors de cette route, il n'y a plus que des abîmes, puisqu'il n'y a plus de justice; et dès lors la révolution et ses principes sont consacrés.

Plein d'un profond respect pour les sages leçons de ce vertueux vieillard, je n'ajouterai point de vaines paroles à ses éloquens écrits; mais, fixant avec douleur des regards inquiets sur l'avenir de la patrie, je supplierai, au nom de la religion, au nom de la justice, les députés des départemens, de daigner se rappeler les pensées du noble vieillard, lorsqu'ils s'approcheront de l'urne qui renferme, en ces graves conjonctures, les destinées de la France.

« L'œuvre de ces lois impies, a dit Bergasse, fut dès
» leur origine marqué d'un sceau de réprobation :
» et puis il en est des crimes comme des plaies; il
» faut que tout le venin qui est dans une plaie
» sorte, si l'on veut q'elle guérisse, il faut de
» même que tout le mal que le crime a produit
» soit réparé, si l'on veut que les traces en disparaissent.
» Laissez le venin, et la plaie se refermera,
» et tout le corps ne tardera pas à en être infecté.
» Laissez le mal opéré par le crime, et le crime
» s'accroîtra par le succès; et bientôt les émanations
» du mal se distribueront comme un poison
» destructeur dans toutes les fibres de l'organisation
» sociale. Après des vicissitudes plus ou moins
» longues, le temps peut donc faire quelquefois
» qu'on oublie, mais il ne lui est jamais donné

» de changer la nature des choses. Ce qui est injuste
» en soi, s'il n'est efficacement réprimé, portera
» nécessairement, et toujours, des fruits d'injus-
» tice; et les fruits de l'injustice sont amers : car
» celui qui veut que les empires tombent, *celui qui*
» *les fait mourir comme leurs maîtres* (1), lorsque
» la mesure des iniquités des peuples est comblée,
» celui-là tient en réserve jusqu'à ses vices cachés,
» jusqu'à ses erreurs obscures dont notre histoire,
» dans ses annales si souvent mensongères, ne con-
» serve aucun souvenir; et le temps, qu'avec une
» confiance si orgueilleuse nous chargeons d'effacer
» nos fautes, le temps, qu'il n'a détaché que pour
» un moment de son éternité, ne prescrit pas contre
» lui. Ainsi, gardons-nous d'abandonner au temps
» le régime des consciences humaines; et si, comme
» dans la circonstance présente, le remède est en-
» core possible, évitons, non-seulement pour nous,
» mais aussi pour les générations qui succéderont à
» la nôtre, de donner au mal une puissance qui, en
» le rendant irréparable, abrégerait nos destinées. »

Le vénérable Bergasse amené sur les bancs des accusés, s'exprima ainsi : « Je me dois à moi-
» même de déclarer que je croirais outrager l'au-
» teur de toute justice et de toute vérité, si, par
» une circonspection timide, je consentais à excu-
» ser comme une faute la sage hardiesse avec la-

---

(1) Bossuet.

» quelle j'ai plaidé la cause de la fidélité malheu-
» reuse; si je pouvais me repentir de m'être oc-
» cupé de rendre à la religion ses droits, à la
» morale son influence, au gouvernement son
» impartialité; si, tandis que je n'ai songé qu'à
» éteindre des remords, qu'à consoler des regrets,
» qu'à détruire des haines, j'avais la faiblesse
» d'avouer que je n'ai rempli là qu'une tâche im-
» prudente, et que c'est à tort que je me suis élevé
» à des considérations d'un autre ordre que les
» considérations vulgaires, afin de nous faire re-
» trouver, s'il est possible encore, sous notre
» nouveau régime, les mœurs bienveillantes de
» nos pères et leurs antiques vertus.

» Les magistrats qui m'écoutent, les jurés qui
» m'entendent, le nombreux auditoire qui m'ho-
» nore de son attention, n'attendent sans doute
» pas de moi une pareille condescendance.

» D'ailleurs, si, en opposition avec mes prin-
» cipes, on remarquait ici quelques-uns de ces
» hommes qui s'affligent du bien qu'on veut faire,
» et qui, dans les débris de notre révolution,
» cherchent avec une persévérance soucieuse les
» germes malheureusement encore subsistans d'une
» révolution nouvelle... Eh bien! qu'ils sortent de
» cette enceinte, qu'ils entrent dans le palais de nos
» princes, qu'ils s'approchent du berceau où re-
» pose notre dernière espérance; et là, s'ils en ont

» le triste courage, qu'ils disent en présence des
» deux filles des rois, des deux héroïnes du mal-
» heur et de la résignation, qui protègent de leurs
» prières et de leurs larmes le noble enfant, qu'ils
» disent au noble enfant, que, si jamais une des-
» tinée ennemie le contraignait, comme ses
» pères, à s'exiler dans une terre étrangère, il ne
» doit compter, ni sur la foi jurée, ni sur le respect
» dû à une grande infortune, ni sur cette pompe
» des souvenirs qui appelle, jusqu'au dernier mo-
» ment, autour des races royales, un nombreux
» cortége de serviteurs fidèles; qu'ils lui appren-
» nent que, si, en des temps plus heureux, il par-
» venait à retrouver l'héritage de ses ancêtres, il
» ne lui serait pas plus permis qu'au prince qui
» nous gouverne aujourd'hui, d'écouter le vœu de
» son cœur; que les lois que nous avons faites, et
» qu'ils auraient soigneusement conservées, con-
» damneraient irrévocablement à tout l'opprobre
» d'une misère sans gloire les généreux com-
» pagnons de son exil; que ces lois, ces effrayantes
» lois lui interdiraient jusqu'à la faculté même
» de les indemniser de tout ce qu'ils auraient
» sacrifié, de tout ce qu'ils auraient perdu, en
» se dévouant pour lui. Mais aussi, qu'ils ré-
» vèlent toute leur pensée, et qu'en s'exprimant de
» la sorte, ils ajoutent que le moment de la chute
» des trônes est arrivé, et que ce n'est pas sans des-

» sein qu'ils ont jeté entre les rois et les peuples
» des lois d'injustice et d'ingratitude, *moyen*
» *puissant pour renverser les trônes*, afin que les
» rois, perdant tout ce qu'il y a de moral dans la
» majesté qui les environne, paraissent comme dé-
» tachés des peuples, et que les peuples, à leur tour,
» demeurent sans affection pour les rois (1). »

---

(1) Parmi les écrits qui ont été publiés, on a remarqué surtout ceux de M. Dard, jurisconsulte profond, qui s'est occupé de ces graves questions depuis dix ans avec la plus constante et la plus honorable persévérance. Nous en transcrirons ici plusieurs paragraphes : « Les confiscations, dit-il, prononcées contre les émigrés étant illégales, les ventes des biens confisqués faites par les gouvernemens de fait, auxquels la France a obéi, n'ont pas pu dépouiller les légitimes propriétaires de leur droit de propriété.

» Le Souverain légitime a pu, par la Charte, et pour de puissantes considérations d'intérêt public, maintenir les acquéreurs et possesseurs des biens confisqués dans leur possession. Ainsi, le Souverain, grand justicier du royaume, a pu défendre à ses cours de justice de recevoir les actions des anciens et légitimes propriétaires contre les possesseurs de leurs biens, et aux agens de la force publique de prêter main forte aux premiers, pour en recouvrer la jouissance; mais il n'a pas pu détruire leur droit de propriété sans une juste indemnité; car, s'il avait eu ce pouvoir, il faudrait déclarer et reconnaître que le Souverain est propriétaire de tous les biens du royaume; ce droit de propriété des biens des particuliers, attribué au Souverain, serait contraire au but et à l'institution de tout gouvernement, et aux lois les plus positives que nous devons à la justice et à la sagesse de nos rois.

» Il est donc certain, ainsi que je crois l'avoir démontré ail-

Les observations présentées de toutes parts contre le mode d'évaluation dans le projet soumis aux chambres, sont tellement claires et tellement posi-

---

leurs, que le droit des anciens propriétaires des biens confisqués existe toujours légalement, et que, tant que ce droit n'aura pas été satisfait par le paiement d'une juste indemnité de la part de l'Etat qui a vendu les biens confisqués, et qui en a reçu le prix, ce droit de propriété continuera de subsister malgré la maintenue des acquéreurs prononcée par la Charte.

» Pour éviter toute incertitude sur ce point fondamental de la loi d'indemnité, il faut que la loi, dans son texte ou dans son préambule, reconnaisse hautement et sans ambiguité, l'existence actuelle de ce droit de propriété des anciens propriétaires, seule cause juste et légitime de l'indemnité qui leur sera payée.

» L'indemnité doit être intégrale, c'est-à-dire représenter la valeur de l'immeuble confisqué et vendu. . . . . . .

» Si l'indemnité allouée à l'ancien propriétaire était intégrale, c'est-à-dire si elle représentait la juste valeur des biens vendus, la loi pourrait, sans injustice, exiger du légitime propriétaire qui recevrait l'indemdité, la vente ou la cession de son droit de propriété; mais si l'indemnité n'était qu'une faible partie de cette juste valeur, la loi obligerait-elle cet ancien propriétaire à signer un pareil contrat? Elle en ferait, dira-t-on, la condition de la remise de l'indemnité; mais si un grand nombre de propriétaires préféraient refuser l'indemnité que de renoncer à leur droit de propriété, de quel discrédit la loi d'indemnité ne serait-elle pas frappée? Quelle serait la position des acquéreurs et possesseurs des biens confisqués, en présence des anciens et légitimes propriétaires, dont le droit de propriété aurait été hautement reconnu?

tives, qu'il devient impossible que ce mode puisse être admis.

Le mode d'évaluation indiqué par M. Dard, dé-

» Ces difficultés sont graves; sont-elles insurmontables? Je ne le pense pas.

» Si l'état peut payer l'indemnité intégrale, il doit le faire; comme tout débiteur, il ne peut se libérer qu'en payant l'intégralité de sa dette. S'il ne peut en acquitter aujourd'hui qu'une partie, il doit donner, à titre d'à compte, la somme qu'il destine à l'indemnité des anciens propriétaires, et renvoyer à un autre temps le complément de sa libération. S'il y a impossibilité pour l'état de payer l'indemnité intégrale, et nécessité reconnue, pour la conservation du crédit public, de ne pas laisser sur les finances de la France le poids d'une nouvelle dette pour le complément de l'indemnité, il faut, de deux choses l'une : ou demander aux anciens propriétaires la renonciation volontaire à leur droit de propriété au profit de l'état, moyennant l'indemnité partielle que l'état leur offre; ou faire concourir les acquéreurs et possesseurs des biens des émigrés, pour fournir aux anciens propriétaires une indemnité intégrale, au moyen de laquelle aucun d'eux ne pourrait refuser la cession franche et sans regret de son droit de propriété. La loi serait une transaction passée entre les anciens et les nouveaux propriétaires, sous la médiation et avec le concours de l'état. Cette idée a été très-bien développée par un ancien député, M. le vicomte de Prunelé, dans une lettre à M. de Villèle, du 28 décembre dernier.

» Je dois prévoir une sérieuse objection. L'article 9 de la Charte, qui a déclaré toutes les propriétés inviolables, sans aucune exception de celles qu'on appelle nationales, a promis aux acquéreurs et possesseurs de ces propriétés, qu'ils seraient maintenus dans leurs possessions, et cette promesse serait vio-

truirait en partie cette inégalité cruelle, qui existe dans le projet entre les deux cathégories. La justice se révolte, à l'idée d'une telle inégalité entre des

---

lée, si ces acquéreurs ou leurs ayant-cause étaient obligés de payer une taxe quelconque, soit à l'état, soit au profit des anciens propriétaires.

» Il me semble qu'on pourrait répondre, que, si la Charte a garanti aux acquéreurs des biens nationaux qu'ils ne seraient point troublés par les anciens propriétaires dans la possession de leurs biens, elle ne leur a pas garanti que la valeur de ces biens serait égale à celle des biens patrimoniaux. Or, s'il n'existe pas d'autres moyens pour élever des biens provenant de confiscations au taux vénal des biens patrimoniaux, que le paiement d'une indemnité intégrale aux anciens propriétaires, n'est-il pas raisonnable et juste que les acquéreurs et possesseurs des biens confisqués contribuent au paiement de cette indemnité intégrale dans la proportion dont le taux vénal des biens qu'ils possèdent se sera élevé par la renonciation ou la ratification des anciens propriétaires, ratification qui ne leur a pas été promise par la Charte, et que plusieurs acquéreurs ont cru devoir acheter, soit par conscience, soit par prévoyance de l'avenir, en reconnaissant implicitement par le prix qu'ils mettaient à ces ratifications, que le droit de l'ancien propriétaire existait encore, et que la Charte ne l'avait pas détruit sans retour.

» L'état, en payant aux anciens propriétaires une indemnité intégrale, donnerait, par le fait de ce paiement, qui opérerait l'extinction du droit de propriété, la ratification de ces propriétaires à toutes les ventes des biens confisqués; il ferait pour les acquéreurs de ces biens, plus que la Charte ne leur a promis. Ceux des acquéreurs qui voudraient se contenter de la garantie donnée par la Charte, en seraient les maîtres; et, lorsqu'ils jugeraient utile à leurs intérêts d'avoir une expédition du

droits identiques. Nous pensons que l'exécution du mode indiqué par M. Dard, non-seulement est possible, mais j'ajouterai même très-facile; une volonté forte triomphera sans peine de tous les obstacles; il importe par-dessus tout de ne point se jeter dans un arbitraire qui ôterait à la loi nouvelle ce caractère d'impartialité dont elle doit être revêtue pour obtenir la sanction de la France (1).

---

contrat de vente consenti à l'état par l'ancien propriétaire, ils rembourseraient à l'état, sous le titre de droit de confirmation, une quotité du revenu de leurs biens déterminée par les impositions foncières actuelles, ou par tout autre mode, qui serait l'équivalent de l'accroissement de valeur vénale que leurs biens recevraient par la ratification du légitime propriétaire. On peut consulter avec fruit sur cette partie de la question, l'excellente brochure publiée par M. le baron Maller de Trumilly, sous le titre de *Projet d'indemnité des Émigrés*, etc.

(1) Nous citerons textuellement le passage de l'écrit de M. Dard.

« La loi pourrait disposer que les biens de la seconde caté-
» gorie, de même que ceux de la première, seraient estimés
» vingt fois leur revenu à l'époque de 1790; que l'ancien pro-
» priétaire serait admis à faire la preuve de ce revenu, soit par
» des baux authentiques, des actes de vente ou de partage éga-
» lement authentiques, ou ayant une date certaine; ou par les
» extraits des rôles des impositions foncières de 1793; ou même
» par les procès-verbaux d'estimation qui ont précédé les
» ventes (1).
» Un grand nombre de propriétaires pourront se procurer

(1) Celui qui ne peut prouver par actes authentiques le revenu de

Je vais présenter ici quelques observations sur les dispositions du projet de loi relatives aux familles

» l'une ou l'autre des pièces qu'on vient d'énumérer et qui suf-
» fira pour constater le revenu de leurs biens de 1790.

» Quant à ceux des anciens propriétaires qui ne pourraient
» pas établir le revenu de leurs biens par les pièces indiquées
» par la loi, ils suppléeraient à ce défaut par des estimations
» auxquelles il serait procédé à leurs frais, et qui constateraient
» le revenu de leurs biens, par comparaison avec celui des im-
» meubles de même nature, dans la même commune, et à la
» même époque, établi par des actes authentiques ou ayant
» une date certaine. L'expertise serait faite contradictoirement
» avec le directeur des domaines représentant l'État, seul in-
» téressé à la fixation de l'indemnité, si les acquéreurs ou leurs
» ayant-cause ne sont pas appelés à en acquitter une quotité
» quelconque.

» On a paru craindre que les estimations par experts ne fus-
» sent trop souvent favorables aux anciens propriétaires, et que,
» de cette faveur dont on présume qu'ils seraient l'objet, il
» n'en résultât un préjudice : 1° pour l'Etat qui doit profiter
» de tout ce qui ne sera pas employé au paiement des indem-
» nités ; 2° pour les autres propriétaires de la même catégorie
» dont les biens seraient portés à une valeur moindre que celle
» des biens estimés par des experts.

» En admettant que ces craintes fussent réelles, la loi pour-
» rait s'assurer que les estimations par experts n'excéderaient
» pas d'une manière trop forte les revenus des biens estimés,
» en donnant pour contrôle à ces estimations la détermination

---

ses biens de 1790, ne peut pas être privé des avantages qu'il peut retirer de cette preuve, par la raison que d'autres seront dans l'impossibilité de fournir le même genre de preuves.

dépossédées par suite d'assassinats juridiques, et qui ont perdu leurs propriétés, parce que le sang de leurs proches a été versé sur les échaufauds révolutionnaires.

Rappellerai-je ici, cette législation effroyable, qui, selon la pensée d'un républicain lui-même, ferait dresser les cheveux sur le front des cannibales? Nous le devons, pour consacrer le droits des victimes.

L'assemblée législative avait promulgué les lois de Dracon, que Mirabeau avait combattues à la Constituante, et qui devaient frayer le chemin à la plus sanglante tyrannie.

Bientôt de lâches sophistes, des spoliateurs, des meurtriers de septembre, accourent de toutes les parties de la France; ils ont revêtu la robe de législateurs, et viennent proclamer dans la Convention, tous les crimes au nom des droits de l'homme.

Alors est porté ce décret, qui, dans la langue conventionnelle, est appelé la loi du 22 prairial.

» du revenu des mêmes biens par les impositions foncières.
» On proposerait donc que la loi statuât que le revenu des
» biens, déterminé par des estimations faites par des experts,
» ne pût en aucun cas excéder le revenu des mêmes biens,
» constaté par une moyenne proportionnelle entre les impôts
» fonciers pendant dix années, composée de cinq années,
» à partir de l'année 1791, ou de la première année pour
» laquelle les matrices des rôles existeraient; et les cinq autres
» années depuis l'année 1820 jusqu'en 1825.

« Le tribunal révolutionnaire est institué pour punir les ennemis du peuple.

» Les ennemis du peuple sont ceux qui cherchent à anéantir la liberté publique, soit par la force, soit par la ruse.

» Sont réputés ennemis du peuple, ceux qui auront provoqué le rétablissement de la royauté, ou cherché à avilir ou à dissoudre la Convention nationale et le gouvernement révolutionnaire et républicain, dont elle est le centre;

» Ceux qui auront secondé les projets des ennemis de la France, soit en favorisant la retraite et l'impunité des conspirateurs et de l'aristocratie, soit en persécutant et calomniant le patriotisme;

» Ceux qui auront cherché à égarer l'opinion, à altérer l'énergie ou la pureté des principes révolutionnaires, ou en arrêter les progrès, soit par des écrits contre-révolutionnaires ou insidieux, soit par toute autre machination.

» La peine portée contre tous les délits dont la connaissance appartient au tribunal révolutionnaire, est la mort.

» La preuve nécessaire pour condamner les ennemis du peuple, est toute espèce de document, soit matériel, soit moral, soit verbal, soit écrit, qui peut naturellement obtenir l'assentiment de tout esprit juste et raisonnable.

» Tout citoyen a le droit de saisir et de traduire devant les magistrats, les conspirateurs et les contre-révolutionnaires.

» La loi donne pour défenseurs aux patriotes calomniés, des jurés patriotes; elle n'en accorde point aux conspirateurs. »

La puissance du mal est arrivée dans ces temps à son plus haut degré. La France, couverte d'un crêpe ensanglanté, est peuplée de tombeaux et de ruines; à peine les contemporains peuvent-ils en croire leurs souvenirs; ils semblent être les rêves d'une imagination malade qui assemble des images fantastiques.

Toutes les conceptions du crime sont applaudies, et transformées en lois de la république française; une émulation de cruauté règne parmi ces infâmes.

Le sang cimente chaque jour le pacte que l'assemblée régicide a fait avec la mort.

Alors est porté, aux cris d'acclamation, ce décret qui seul apprendrait à la postérité ce que fut la Convention.

« La ville de Lyon sera détruite. Tout ce qui
» fut habité par les riches sera démoli. Il sera
» nommé une commission de cinq membres pour
» faire punir militairement, et sans délai, les
» contre-révolutionnaires de Lyon. Le nom de
» Lyon sera effacé du tableau des villes de la
» république. La réunion des maisons conservées
» portera désormais le nom de *Ville-Affranchie*.

» Il sera élevé sur les ruines de Lyon une co-

» lonne qui attestera à la postérité les crimes et
» la punition des royalistes de cette ville, avec
» cette inscription :

» *Lyon fit la guerre à la liberté, Lyon n'est
» plus.* »

La Convention confie à ses plus odieux complices l'exécution de ses exécrables desseins. Elle déchaîne sur cette ville les hordes des assassins de septembre ; l'affreux Couthon (1) se fait porter sur la place de Bellecour ; et là, contemplant avec les regards du tigre cette place, une des plus belles de l'Europe, il frappe d'un marteau d'argent toutes les maisons, en prononçant ces paroles qui expriment le dernier degré du délire : « *Maison rebelle, je
» te frappe au nom de la loi.* »

A l'instant, des sapeurs s'avancent, et la fureur des hommes, plus rapide que celle du temps, transforme en amas de décombres ces superbes monumens ; sur leurs débris s'élèvent les échafauds ; le signal des massacres est donné. Fouché marche à la tête du sanglant cortège ; l'instrument des supplices est à ses côtés.

Pendant toutes les heures du jour et de la nuit des commissions veillent et dictent des arrêts de mort. Des hordes d'assassins sont placées au pied des échafauds ; leur mission est de faire

(1) La Convention l'appelait Aristide.

retentir l'air des cris de *vive la Convention*, lorsque les victimes tombent frappées du coup mortel!

Les licteurs de Fouché saisissent, dans les rues, dans les places publiques, de malheureux habitans, et les entraînent vers le théâtre de ces sanglantes exécutions. Ceux de ces infortunés qui restent muets d'horreur, ou font entendre quelques gémissemens, sont attachés aux pieds des échafauds, pour recevoir le sang des victimes.

Les Lyonnais marchent à la mort comme ils marchaient au combat; assis sur le char funèbre, ils s'embrassent et répètent des chants guerriers. Les femmes renouvellent à Lyon les prodiges de dévouement qu'elles ont fait éclater dans toute la France. On en voit plusieurs attendre l'heure où doit passer le convoi des victimes; elles s'élancent sur les chars funéraires, couvrent de leurs baisers et de leurs larmes leurs frères, leurs époux, leurs enfans, leurs pères, et marchent avec eux volontairement à la mort. Fouché, s'indigne de ne pouvoir arracher des larmes de faiblesse à ces vaillans habitans (1).

---

(1) Plusieurs personnes qui avaient pris une part active à la défense de la ville échappèrent à la mort en se réfugiant dans les camps de l'armée républicaine. Des officiers les dérobèrent au supplice en s'exposant eux-mêmes aux fureurs des proconsuls.

Une ville est condamnée dans ces temps à être livrée aux flammes; *un arbre de la liberté* a été arraché hors des murs de Bédouin, les foudres de Convention vont écraser cette malheureuse ville. Le sang de ses habitans coule sur les échafauds, des incendiaires lancent des flammes de toutes parts; il ne reste, de Bédouin, que des cendres, les feux ont tout dévoré : une église cependant est encore debout au milieu des ruines, bientôt ses souterrains sont remplis de poudre; une détonnation terrible se fait entendre, et annonce aux peuples voisins que Bédouin n'est plus.

Nantes voit sur ses rivages ses citoyens expirer dans les flots; la nuit couvre de ses ombres d'exécrables forfaits. Mais je m'arrête, je n'ai plus le courage de retracer l'affreux tableau de la France.

La destruction multiplie ses ravages : la mort plane sur cette terre dévastée et sanglante; tous les liens qui attachent à la patrie sont brisés; les autels et les tombeaux tombent sous le coups de ces barbares ; les cendres troublées dans leurs cercueils sont le jouet des vents; les ateliers sont déserts, les champs en friche, et couverts d'ossemens; l'herbe s'élève dans les rues des villes solitaires; des milliers de propriétaires, couchés sur les bornes de leurs champs sequestrés, ont abandonné leurs toits démolis ou embrasés; ils fuyent en foule ces rives désolées; tous les caprices de l'anarchie sont des lois; la France est semblable à l'empire envahi par les barbares, mais ces barbares ne sont point accourus des contrées sauvages, ils sont nés au milieu de nous de l'athéisme et de la corruption.

Lorsque la terreur plane sur la France, la Vendée, la Bretagne, honneur éternel du nom français, arment leurs nobles enfans pour la cause sacrée; ils marchent au combat comme autrefois les enfans de Sparte marchaient aux Thermopiles... Les vêtemens, les couches de ces Français fidèles ont été mises à l'encan; on n'a pas réservé même le drap mortuaire qui devait ensevelir les restes du soldat chrétien; la misère est devenue le partage de ses enfans. Ah! si, après trente ans, le pouvoir acquittait envers ces familles la dette de la fidélité, la royauté serait bénie autour des foyers domestiques des cultivateurs et de l'artisan; les pères apprendraient à leurs enfans à révérer cette légitimité qui, semblable à la Providence, pénètre partout pour connaître et consoler le malheur.

Les dispositions de la loi présentée aux chambres n'accordent cependant aucune réparation aux pertes déplorables des familles, dont la fortune mobilière fut ainsi livrée à l'encan. Des considérations puisées dans la justice donnent toutefois à ces malheureuses familles des droits sacrés; la politique se réunit à la justice pour qu'ils soient reconnus par le pouvoir.

Si l'on porte la pensée vers ces temps de funèbre

mémoire, on se rappelle que la foi monarchique existait dans toutes les classes de la société; les mêmes échafauds furent rougis, et du sang des plus nobles citoyens, et de celui des Français appartenant aux conditions les plus humbles et les plus obscures.

Si j'ouvre ces listes fatales, je trouve de fidèles serviteurs partageant volontairement la captivité de leurs maîtres, des artisans, des laboureurs, des hommes nés dans la poussière de la société; ils s'avancent, et, nobles enfans de cette noble patrie, marchent vers l'échafaud, confessant la royauté, et recevant la mort aux cris de *vive le Roi* (1).

Lorsque Robespierre fut renversé par ses complices, et que la Convention sembla reculer à l'aspect de ses propres crimes, on se rappelle quels accens d'indignation et d'horreur s'élevèrent de toutes les parties de la France? La Convention elle-même fut contrainte de céder au cri de la France; elle ordonna la restitution des propriétés confisquées qui n'avaient pas été vendues : Elle fit plus,

---

(1) Il serait très-facile de connaître avec exactitude les propriétés mobilières qui ont été vendues par confiscation. Les procès-verbaux existent dans toutes les archives des préfectures. Que l'on n'oppose point ici d'impossibilité. Il y avait, on peut le dire, de l'ordre dans le désordre; les saisies, les états, les enchères, toutes ces pièces existent encore. Il serait donc possible, facile même, et certainement très-juste, d'ac-

désarmée, non par le remords, mais par la peur, elle décréta, « qu'il serait proposé dans un délai de » quinze jours, un mode pour indemniser les pro- » priétaires dépouillés de la valeur entière des biens » vendus et non restitués. » Je laisse aux nobles pairs qui, en d'autres temps, siégèrent sur les bancs de la Convention, le soin de retracer cet hommage tardif à la justice, que la crainte arracha à un pouvoir, exécrable assemblage de tous les crimes et de toutes les lâchetés.

Ainsi, cette loi d'indemnité, la Convention elle-l'a déclarée *justice ;* si elle est attendue trente ans après une telle décision, certes, il faut le confesser, un si long et si déplorable ajournement, un tel déni de justice exige au moins qu'elle soit intégrale dans toutes ses parties.

« Si je possédais des biens qui eussent appar- » tenu à une de ces victimes, jamais je ne pour- » rais trouver de repos. Le soir, en me promenant » dans un jardin solitaire, je croirais voir dans

---

corder des indemnités aux familles qui ont perdu leurs effets mobiliers, et qui ne sont point comprises dans les indemnités accordées aux propriétés territoriales.—J'ose appeler l'attention des Chambres sur la rigoureuse justice, et sur tous les avantages moraux qui résulteraient d'une telle disposition. — Ils se présentent à la pensée de tous ; il serait ici superflu de les énumérer.

» chaque goutte de rosée, les pleurs de l'orphelin
» dont j'occuperais l'héritage. »

Ces paroles ne sont pas de nous : elles appartiennent à un homme qui avait épouvanté la France par ses forfaits, mais qui plus tard fut entraîné par le repentir à exprimer de nobles regrets; elles sont du conventionnel Legendre.

Résumons cette question immense et simple tout à la fois : expliquons-nous avec franchise et briéveté.

Il est constant que les lois de spoliation qui ont pesé sur la France durant le cours de notre sanglante révolution, sont une violation des principes éternels; monumens de la plus extravagante tyrannie et de la cupidité la plus effrénée, ils attesteront à jamais le caractère de réprobation qui domine cette fatale époque.

L'exécution de ces lois impies a produit sur la morale des peuples la plus désastreuse influence : remuant au fond des âmes les plus honteuses passions, elle a jeté au cœur de la société des principes de mort.

Regardez l'état de la France : l'arbre a porté ses fruits, et certes nous en recueillons d'amers.

Le premier devoir du pouvoir est de consacrer, en ces graves matières, les vérités éternelles, et de poser, d'une main ferme, les bases immuables de l'ordre social.

Le premier besoin de la France est que l'on replace sur la même ligne les propriétés foncières de toutes espèces, et que l'on fasse cesser enfin l'immense différence qui existe par la nature des choses et dans l'opinion des peuples entre les propriétés patrimoniales et les propriétés aliénées par les lois de la confiscation.

La loi proposée aux chambres résout-elle ce grand problème : c'est l'à qu'est le principe vital de la société ; c'est là qu'est toute entière la question fondamentale à la solution de laquelle est attachée l'existence de l'ordre et de la monarchie.

En d'autres termes, le résultat de cette loi sera-t-il de patrimonialiser ces biens, et de placer les possesseurs et les domaines sur la même ligne et sans aucune différence que tous autres propriétaires de propriétés héréditaires.

Si la loi présentée aux Chambres résout ce grand problème, certes elle est admirable; elle est sans nul doute le plus grand bienfait que le pouvoir puisse faire à la France; les députés doivent se hâter de la consacrer par leurs suffrages.

Mais si la loi proposée ne produit point ce résultat, n'en doutons point, ses conséquences deviendraient fatales; elle jetterait au cœur de la société, tourmentée par un mal profond, de nouvelles semences de malheur, de nouveaux germes de dissolution et de mort.

Le temps presse, et sans doute le pouvoir a reconnu qu'un de ses premiers devoirs était de triompher de toutes les difficultés que présente une loi désormais indispensable; on ne peut plus apporter de retard à une justice trop tardive sans doute : toute mesure qui ajournerait l'acquittement de cette dette sacrée, serait, en quelque sorte, continuer le crime qui a dépouillé de leurs héritages les victimes des confiscations.

La Charte royale a donné sans doute aux acquéreurs des domaines confisqués la plus entière sécurité; depuis dix ans, en effet, aucun tribunal n'a eu à prononcer sur des agressions, sur des voies de fait commises par les anciens propriétaires, relatives à des propriétés confisquées et vendues révolutionnairement : tous ont respecté la Charte. L'histoire observera ce fait digne de remarque; il est un des caractères de l'époque où nous vivons : ce seul fait attesterait tout ce qu'il y a de noble, tout ce qu'il y a d'élevé dans ces familles qui, après avoir versé dans les combats ou sur les échafauds, leur sang pour une cause sacrée, sont venues chercher un asile près de l'antique manoir où reposent les cendres de leurs pères, et répéter à leurs enfans ce noble cri d'un roi de France : *Tout est perdu fors l'honneur*.

Mais, quelle que soit l'admirable résignation des victimes de ces lois impies, il est constant que ces propriétés, frappées d'un signe particulier, éprouvent des mutations moins nombreuses, et toujours à des prix inférieurs à leur valeur matérielle.

Il est constant que, dans tous les départemens, un nombre considérable d'acquéreurs, cédant aux cris de leur conscience ou de l'opinion publique, sont venus volontairement demander aux anciens propriétaires des ratifications de ventes. Si les agens du pouvoir n'eussent point trop souvent arrêté cette noble impulsion, il est constant, et j'en appelle au témoignage des hommes de tous les partis, que des ratifications volontaires auraient détruit ces fatales divisions entre les citoyens d'un même pays; de semblables transactions eussent été le gage d'une réconciliation franche et durable. Les lois alors auraient eu peu de chose à faire pour fermer entièrement cette plaie déplorable, et les sacrifices imposés à l'Etat eussent été moins immenses; mais, laissant là ces tristes retours sur un passé qui ne nous appartient plus, il est constant que, dans l'état actuel des choses, si le pouvoir s'adresse franchement aux acquéreurs des biens confisqués, nous les verrons offrir volontairement une part quelconque de l'indemnité, en recevant en échange la ratification libre et volontaire des familles dépossédées. Je ne sais si je m'abuse et si je présume trop de ce sentiment français, de ce besoin d'union qui existe dans tous les enfans de cette noble France; mais je suis persuadé que si, dans chaque département, on consultait les acquéreurs des domaines confisqués, et qu'on leur laissât à eux seuls le soin de régler, dans une entière liberté, la part d'indemnité qu'il leur convient d'offrir, une honorable émulation s'emparerait de tous et les déterminerait à de grands sacrifices; j'en ai pour garant le caractère français, ce caractère si noble et si généreux. Sans doute il a reçu de déplorables atteintes de la plus terrible des révolutions; mais il n'est point détruit, on le retrouve dans toutes les classes de la société, et quand le pouvoir s'adressera franchement au cœur des Français, il connaîtra le secret de sa puissance.

Ainsi, cette loi de réparation envers le malheur, par de sages dispositions en harmonie avec la justice et le caractère national, peut devenir pour la France la source du plus précieux des biens, celui sans lequel la prospérité publique est impossible, *la réconciliation de la France, et son union dans l'amour du Roi* (1).

---

(1) Depuis dix ans, on ne cesse de déplorer de toutes parts, les funestes effets d'une centralisation qui, entraînant tout, vers Paris comme dans un vaste gouffre, place les provinces sous le joug déplorable de la bureaucratie; la révolution, par ses résultats funestes, a déshérité nos provinces des droits, des avantages les plus légitimes et leur a, en quelque sorte, si je puis le dire, enlevé leur vie morale; je ne répéterai point ici ce que j'ai dit ailleurs sur l'urgente nécessité de constituer

Assez de haines depuis trente ans ont séparé, ont divisé les enfans de cette noble France. Les ac-

enfin nos communes et nos départemens ; j'observerai toutefois que l'on a vu avec un sentiment de surprise et de peine, que dans le mode d'exécution de la loi des indemnités, c'est encore à Paris que doit venir se concentrer l'instruction d'affaires si immenses et si multipliées.

De toutes parts on demande la création de commissions départementales, chargées de statuer en première instance sur toutes les questions du ressort administratif qui se rattachent à l'instruction de ces affaires. Ces affaires seraient élaborées avec plus de soin, si elles étaient instruites dans les provinces et soumises à l'examen de telles commissions.

Des hommes honorables, dans nos départemens, examineraient avec la plus rigoureuse impartialité ce nombre immense d'affaires, dont les détails toujours compliqués et souvent minutieux, exigent un soin extrême et la plus sévère attention.

Des commissions départementales composées d'un nombre assez considérable de membres, imprimeraient à leurs décisions un respect que consacrerait encore la considération individuelle des personnes qui les composeraient.

Leurs décisions auraient pour contrôle cette publicité salutaire que l'on trouve dans les provinces, mais nullement à Paris, où tout se perd, tout s'efface dans ce mouvement immense qui entraîne les hommes et les choses vers un tourbillon continuel.

Ces affaires instruites ainsi solennellement dans les provinces, seraient, en cas d'appel des parties ou du gouvernement, soumises à Paris à la révision d'une commission qu'il importe de constituer fortement. Il serait désirable qu'elle ne fût composée que de magistrats inamovibles.

Ainsi tout serait grave, public, solennel dans les décisions qui seraient portées ; ces affaires ne seraient pas instruites dans l'ombre des bureaux. La publicité serait partout, et l'on trou-

quéreurs des domaines confisqués ne veulent pas plus que d'autres, laisser à leurs enfans ce triste héritage de haine et de passions ; les enfans des acquéreurs, comme ceux des émigrés et des victimes, servent sous les mêmes drapeaux; l'Espagne les a vus verser leur sang pour le roi; rivaux de gloire, les divisions de famille ont cessé pour ceux qui ont couché sous la même tente; plus heureux que leurs pères, il se sont réconciliés sous le feu de l'ennemi.

De retour dans leurs foyers domestiques ces jeunes guerriers seront les premiers à disposer leurs familles à de nobles sacrifices; hélas! en est-il d'impossibles en France, lorsque la réconciliation doit en être le prix, lorsque des transactions volontaires, ouvrant les cœurs à toutes les inspirations généreuses et françaises, peuvent seules mettre enfin un terme à ces inimitiés qui désolent toutes nos villes et établissent entre les enfans d'une même cité une séparation cruelle, source de haine

---

verait dans un tel mode l'application de la maxime fondamentale, *qu'en toutes choses il faut jouer les cartes sur la table.*

Ne serait-il pas temps, enfin, de remédier aux funnetes effets qu'a pour nos provinces une trop longue et trop fatale centralisation ; l'intelligence, l'aptitude aux affaires ne sont pas encore exclusivement réfugiées à Paris; et certes, il est possible de trouver dans les provinces des capacités égales à celles qui, depuis trente ans, administrent la France dans cette vaste bureaucratie que la Convention légua au Directoire et que la monarchie reçut de l'Empire.

et de malheur; trop fatale séparation, qui rend dans nos provinces le bien si difficile, peut-être même impossible à faire aux dépositaires du pouvoir; qui, desséchant dans les âmes tous les sentimens élevés, fait que l'on devient indifférent à ce qui devrait intéresser le plus au monde, à son pays natal, et que des citoyens d'une même ville passent tristement l'un vers l'autre comme s'ils étaient nés sur des bords étrangers.

L'honorable rapporteur de la commission a rappelé à la tribune les pensées de l'orateur romain, nous suivrons son exemple; l'arrêt sur les confiscations est écrit depuis deux mille ans dans les offices de Cicéron, et depuis deux mille ans ce nom respecté, transmis d'âge en âge, est invoqué par la justice et le malheur.

« Les grâces même que font les auteurs de
» ces calamités publiques, sont comptées pour
» rien ; ceux qu'ils dépouillent deviennent des
» ennemis, et ceux qu'ils enrichissent dissimu-
» lent le bienfait; ils rougiraient de montrer que
» leur fortune en avait besoin ; mais l'opprimé
» conserve le souvenir profond de l'injustice ; il
» ne cache ni sa douleur ni son ressentiment.
» Quand l'injustice enrichirait plus d'hommes
» qu'elle n'en ruine, elle n'en serait pas plus forte.
» On ne compte pas le nombre de ses créatures ;
» mais on pèse les raisons et les plaintes de ses

» ennemis. Est-il juste, s'écrient tous les cœurs,
» que ces terres, qui depuis des siècles entiers
» étaient dans une famille, en soient arrachées
» par la violence, et que dans le même instant,
» ceux qui n'avaient rien possèdent tout, et ceux
» qui possédaient quelque chose n'aient plus rien?

» A l'égard de ceux qui, pour se montrer amis du
» peuple, proposent des lois pour chasser de leurs
» foyers les anciens possesseurs, ils sapent les deux
» plus fermes fondemens d'une république. L'union
» d'abord, qui ne peut régner parmi des hommes
» chez qui la violence, par une distribution nou-
» velle, enlève tout aux uns pour le donner aux
» autres : la justice ensuite, qui est anéantie si la
» propriété n'est plus qu'un vain droit. Ne perdons
» jamais ceci de vue : l'essence d'un Etat est que
» tout citoyen soit libre et paisible possesseur de
» son bien. »

Mais écoutons encore Cicéron, qui poursuit dans le chapitre suivant et passe aux exemples.

« C'est, dit-il, cette sorte d'injustice qui fit chas-
» ser de Lacédémone Lysandre, l'éphore, et ver-
» ser le sang du roi Agis, attentat jusqu'alors inouï;
» mais depuis ce temps ce ne fut que désordre et
» confusion; les tyrans se multiplièrent; les plus
» nobles têtes furent frappées, et cet Etat, fondé
» sur des principes si sages, tomba bientôt en ruine;

» il périt enfin, et son exemple fut une contagion
» funeste à toute la Grèce. »

En lisant ces pensées produites depuis plus de vingt siècles, un frémissement me glace; est-ce l'histoire de la France qu'aurait tracée dans ces lignes le sauveur de Rome et l'ami de Caton.

« J'aurai perdu mon temps, dit ce grand homme,
» à traiter de la république, et je n'ai plus rien à
» en dire s'il ne demeure pas établi en principe
» que, non-seulement il est faux qu'un empire ne
» peut se gouverner sans se permettre quelques in-
» justices, mais qu'il est au contraire indubitable-
» ment vrai qu'il ne peut se gouverner et se main-
» tenir sans observer les lois de la justice la plus
» exacte »

Députés de la France, au nom de la justice, au nom de votre gloire, au nom de l'avenir de la patrie, méditez sur ces vérités : vous paraîtraient-elles vulgaires? Je le crois bien, puisqu'elles sont éternelles (1).

---

(1) C'est dans sa propre langue qu'il faut lire les pensées de Cicéron : « Ac propter hoc injuriæ genus Lacedemonii
» Lysandrum expulerant, *Agim regem* (*quod nunquam acci-*
» *derat*) *necaverant;* exeoque tempore, tantæ discordiæ secutæ
» sunt, ut et tyranni existerent et optimates exterminarentur,
» et præclarissimè constituta respublica dilaberetur ».. . . . .

Nihil est quod adhuc de republicâ putem dictum et quô possim longius progredi, nisi sit confirmatum non modo fal-

J'ai rappelé dans les premières pages de cet écrit, les pensées de Mirabeau ; je les confiais au souvenir de cette génération qui s'avance, et qui, dans peu d'années, va paraître sur la scène du monde. Elle aime avec passion le bien le plus cher à tous les cœurs généreux, la liberté ; elle écoutera avec respect les leçons d'un vieillard qui fut aussi le gladiateur de la liberté. Raynal désabusé de trop longues et trop fatales erreurs, sur les bords de la tombe, redisait aux Français: « Vous
» voulez être libres, les erreurs et les vérités agi-
» tées par les passions, ont formé dans vos esprits
» un chaos impénétrable à la lumière, vous n'êtes
» plus en état de m'entendre, mais je vous dirai
» que ce qui fait le fondement des gouvernemens
» humains est la justice. Si vous poursuivez une
» république au milieu des vices et des crimes, je
» vous déclare au nom de tous les peuples et de
» tous les siècles, que vous cherchez une chimère,
» en parcourant des abîmes ; commencez par être
» justes, et vous deviendrez libres....................
    » Rappelez-vous que, dans les premiers temps de
» votre révolution, effrayé de la route où vos légis-
» lateurs enfans se précipitaient, honteux de voir

---

sum esse illud sine injuriâ non posse, sed hoc verissimum sine summâ justitiâ rempublicam regi non posse.

Cic. de Republicâ.

» mon nom mêlé dans leurs principes et leurs des-
» seins, j'osai tenter de les arrêter par des avis qui
» semblaient convenir à mon âge ainsi qu'à mes
» études; ils les écoutèrent comme le délire d'un
» vieillard; ils s'en moquèrent, et périrent à quel-
» ques pas de mes conseils.

» Aujourd'hui je reviens encore, comme une
» ombre de moi-même, non pour vous avertir de
» quelques erreurs en politique, mais pour vous
» reprocher des crimes en morale. . . . .

» A côté des arrêts et des tribunaux qui condam-
» nent les assassins et les déprédateurs, les confis-
» cations restent honorées sous le saint nom des
» lois... Français, êtes-vous à ce point contraires aux
» mœurs et à vous-mêmes ? . . . .
» Revenez aux vrais sentimens de votre cœur; il
» vous dira que ce n'est pas en vous asseyant à
» l'ombre d'un arbre planté par un malheureux que
» vous avez proscrit, que vous trouverez le repos
» et le bonheur; il vous dira que ce n'est pas en
» semant les champs que vous avez ravis que vous
» trouverez l'abondance...... O mes compatriotes!
» j'use du privilége de mon âge, mais le plus noble
» usage qu'en puisse faire un vieillard, c'est de ré-
» péter de grandes vérités. » (1).

---

(1) *Des assassinats et des vols politiques*, par Thomas Raynal.

J'ose présenter, en finissant, une dernière pensée aux députés de la France.

Deux doctrines divisent le monde; l'une, consacrant les principes éternels, donne un caractère sacré aux rois légitimes, et place les couronnes sous la sauve-garde des autels.

L'autre, fille de l'erreur et des passions humaines, consacre un dogme impie, la souveraineté du peuple; elle ébranle l'ordre social jusqu'en ses fondemens; des sceptres brisés, des échafauds baignés du sang royal, voilà ses trophées

L'Europe fixe des regards inquiets sur les luttes de ces deux doctrines, qui désormais auront les deux mondes pour théâtre de leurs sanglans combats.

Si les pouvoirs légitimes ne gardent point le souvenir des services rendus à la royauté, s'ils récompensent les fauteurs des révolutions, les trônes sont ébranlés, car c'est un hommage rendu à la souveraineté des peuples

Voyez au-delà de l'Atlantique, un peuple qui a reçu de la vieille Europe sa civilisation et ses arts; un Français entraîné par l'esprit de vertige qui dominait la France aux jours précurseurs de la révolution, vint offrir son épée pour défendre l'indépendance américaine; on lisait sur les drapeaux de cette confédération : l'*Insurrection des peuples est le plus saint des devoirs.*

Après plus de trente ans, l'Amérique vient décerner des couronnes au vétéran de l'insurrection, au défenseur de la souveraineté des peuples.

Tourmentée par la plus effroyable révolution, l'Europe a vu des Français fidèles se rallier autour des drapeaux où étaient inscrits ces mots sacrés : *Dieu et le Roi.* Puisse la France, après trente ans de crimes et de calamités, apprendre à l'Europe que, consacrant les principes éternels, elle place sa gloire à être juste envers tous, à pardonner à l'erreur, mais à récompenser la fidélité, le courage et le malheur !

Puissent les Français rassemblés, après tant d'orages, autour du trône des enfans de Saint-Louis, redire ces vers que Delille mourant répétait à ses jeunes amis :

Que sur la terre enfin règne cette maxime,
Il faut un prix au juste, il faut un frein au crime.

FIN.

Nota. On aime à se rappeler les vers où le Virgile français vint célébrer les plus nobles infortunes ; toujours inébranlable lorsque le crime heureux asservissait la France, et toujours fidèle au malheur, Delille chanta l'émigration.

> Émigrés, vos vertus triompheront du sort ;
> Nobles enfans bannis d'une terre chérie,
>   Sans biens, sans foyers, sans patrie,
> Votre malheur n'appelle point la mort.
> Plus courageux vous supportez la vie
> Que mettent tant de maux à l'abri de l'envie ;
> Qui peut donc soutenir votre cœur généreux,
> Riche dans l'indigence ou libre dans les chaînes ?
> Ah! Louis vous promet le prix de tant de peines,
> Quand le ciel le rendra à son peuple à nos vœux !
> O vous, vous du malheur victimes passagères,
> Sur qui veillent d'un Dieu les regards paternels,
> Voyageurs d'un moment aux rives étrangères,
>   *Consolez-vous, vous êtes immortels.*
> Mais vous, qui de l'Olympe usurpant le tonnerre,
> Des éternelles lois renversez les autels,
>   Lâches oppresseurs de la terre,
>   *Tremblez, vous êtes immortels !*

www.ingramcontent.com/pod-product-compliance
Lightning Source LLC
Chambersburg PA
CBHW070716050426
42451CB00008B/670